ÉLOGE

DES DOUZE

MAGISTRATS ET JURISCONSULTES

COMPOSANT

LA GALERIE DE LA COUR DE CASSATION,

AU PALAIS DE JUSTICE.

ÉLOGE

DES DOUZE

MAGISTRATS ET JURISCONSULTES

COMPOSANT

LA GALERIE DE LA COUR DE CASSATION,

AU PALAIS DE JUSTICE.

DISCOURS

PRONONCÉ PAR M. DUPIN,

PROCUREUR-GÉNÉRAL A LA COUR DE CASSATION,

PRÉSIDENT DE LA CHAMBRE DES DÉPUTÉS, ETC.

PARIS.

JOUBERT, LIBRAIRE-ÉDITEUR, RUE DES GRÈS.

M. D. CCC. XXXVI.

ÉLOGE

DES DOUZE

MAGISTRATS ET JURISCONSULTES

COMPOSANT

LA GALERIE DE LA COUR DE CASSATION,

AU PALAIS DE JUSTICE.

DISCOURS
PRONONCÉ PAR M. DUPIN, PROCUREUR-GÉNÉRAL,

DEVANT LES CHAMBRES RÉUNIES,
A L'AUDIENCE SOLENNELLE DE RENTRÉE DU 3 NOVEMBRE 1835.

Moribus antiquis stat res romana, virisque. (ENNIUS.)

MESSIEURS,

L'antiquité devient facilement le sujet de nos éloges : les détracteurs du présent, les louangeurs du passé, n'ont manqué à aucune époque ; ils n'ont point manqué surtout à la nôtre, c'est le penchant naturel de quelques esprits. Et cependant qu'on ne s'y méprenne point : s'il y a quelquefois de l'injustice dans le dénigrement de ce qui existe, on peut dire aussi que la prédilection pour ce qui est loin de nous n'est pas toujours dénuée de raison.

A certaine distance on juge mieux les hommes et les événements ; on est plus désintéressé; l'envie, ce poison du cœur humain, ne vient point altérer nos jugements : on aime souvent, quand il n'est plus, celui qu'on a méconnu ou calomnié de son vivant (1); il a cessé d'être notre rival ; on ne craint plus de l'élever au-dessus de soi par un éloge mérité.

Cet égoïsme d'ailleurs n'est pas le seul mobile de nos appréciations. Quand les événements sont récents, lorsque les acteurs sont encore sur la scène, combien d'erreurs peuvent venir surprendre les esprits les plus disposés à l'impartialité! Combien de gens ont heureusement commencé, qui se démentent avant d'avoir fini ! Que de causes, d'abord secrètes, se découvrent après coup, et induisent à blâmer avec mépris ce qu'on avait d'abord loué avec exaltation !

Lorsque tout est accompli, l'opinion est mieux éclairée; le jugement que l'on porte est plus assuré. La postérité est un second degré de juridiction : c'est l'appel en cour souveraine contre le jugement souvent inique des contemporains. Ce qu'elle approuve définitivement était certainement bien, puisqu'il a été trouvé bon à diverses époques, chez divers peuples, dans des situations différentes, et que chaque siècle est venu ratifier le suffrage des siècles précédents.

C'est sur cette manière de juger que se fondent la réputation et la gloire des véritables grands hommes : gloire d'abord contestée par leurs ennemis et leurs rivaux, vie tout entière de luttes et d'épreuves,

(1) Urit... præsens ! extinctus amabitur idem.

Cour de Cassation
Galerie des Magistrats et Jurisconsultes.

GALERIE DE LA CHAMBRE DES REQUÊTES
dite Chambre de St Louis

de succès mêlés à des revers; mais à la fin, les faits, les discours, les œuvres, la moralité, le caractère, les belles actions, restent. L'histoire en a conservé la mémoire, les orateurs et les poëtes les ont célébrés, des monuments ont été érigés, plus solides que l'airain et plus durables dans le souvenir des hommes.

Chaque nation révère ainsi les grands hommes qui l'ont illustrée; c'est par-là qu'ils entrent dans son culte. Les uns, par l'élévation de leur génie, appartiennent en quelque sorte au monde entier : leurs grandes actions, leurs merveilleuses découvertes, les chefs-d'œuvre qu'ils ont enfantés, sont, à vrai dire, le patrimoine du genre humain. D'autres demeurent célèbres par les services qu'ils ont rendus à leur patrie, par l'éclat qu'ils ont répandu sur leur profession. Toutes, en effet, ont leurs patrons, leurs hommes célèbres, objet de leur vénération particulière : la paix a ses héros comme la guerre; et, dit avec raison Daguesseau, ceux que la justice consacre ont au moins la gloire d'avoir été plus utiles au genre humain.

L'histoire exalte avec orgueil les grands capitaines, les hommes heureux couronnés par la victoire, ceux-là surtout dont le courage a préservé leur pays, ceux-là même qui ont succombé en défendant vaillamment la cause sacrée de la patrie malheureuse et opprimée!...

Elle révère les législateurs vraiment dignes de ce nom; ceux dont la haute raison a posé les premiers principes des sociétés humaines, sanctionné la morale, garanti les droits, fondé d'utiles institutions, affermi la liberté des peuples!

Près d'eux, elle place les jurisconsultes, qui, en interprétant l'œuvre du législateur, en ont déduit, dans la pratique, de justes applications; elle distingue surtout ceux qui, par la seule force de leur logique et par la prévision de leur génie, ont préparé des améliorations que le législateur, à son tour, s'est appropriées.

Enfin, elle honore les grands magistrats qui, par la fermeté de leur conduite et par la sagesse de leurs arrêts, ont donné force aux lois. Sans eux, en effet, elles demeureraient impuissantes ; car on a dit avec raison que, si la loi est un magistrat muet, le magistrat est la loi vivante.

La France, plus qu'aucun autre peuple, offre une longue suite de ces noms célèbres : la peinture en ferait un magnifique musée ; leur biographie ne serait pas moins curieuse et instructive; on peut même dire qu'elle est à refaire en entier, parce que, de nos jours, les mêmes faits jadis remarqués se reproduiraient avec des aperçus entièrement nouveaux.

Mais il faut se borner.

Chargé de désigner douze noms dont les portraits devaient orner la galerie si habilement restaurée (1) qui conduit à la chambre des requêtes, autrefois dite la *Chambre de Saint-Louis* (2), et dont le vesti-

(1) Par les soins de M. Gisors, architecte.
(2) C'est dans cette chambre qu'à son retour de la Terre-Sainte, saint Louis reçut les prélats qui venaient se plaindre du peu de cas qu'on faisait des excommunications : « Sire, » lui dit l'évêque Gui d'Auxerre parlant pour eux tous, « ces seigneurs qui ici sont, arche- » vêques et évêques, m'ont dit que je vous dise que la chrétienté se périt et fond entre vos » mains. » — Le roi se signa et dit : « Or, me dites comment ce est. » — Le prélat ayant alors exposé qu'on prisait si peu les excommunications, que les gens se laissaient mourir excommuniés avant que de se faire absoudre, et ayant demandé au roi qu'il commandât à ses baillis et sergents de les contraindre à faire satisfaction à l'église, le roi répondit qu'il le commanderait volontiers pourvu qu'on lui donnât connaissance « si la sentence estoit droi- » turière ou non. » — Et sur le refus des prélats, disant qu'ils ne croyaient en aucune sorte qu'ils lui dussent la connaissance de leur cause, le roi, de son côté, leur répondit que tant qu'ils ne la lui donneraient pas, il ne commanderait pas à ses sergents de contraindre les excommuniés à se faire absoudre à tort ou à raison, « car, si je le fesois, » ajouta le saint roi, « je ferois contre Dieu et contre droit. » (*Vie de saint Louis*, par Joinville, pages 140 et 141.)

bule offre aux regards la statue de ce grand roi, saint par sa piété, mais sans doute aussi par sa fermeté à défendre les justes droits de sa couronne, j'ai choisi les personnages qui m'ont paru former le type principal de toutes les gloires dans la législation, dans la magistrature et dans notre barreau. Lhospital et Daguesseau, à la tête des chanceliers; La Vacquerie, Matthieu Molé, Henrion de Pansey, parmi les premiers présidents; Servin, Omer Talon, Séguier, dans le ministère public; Cujas et Dumoulin, chez les jurisconsultes; Patru et Gerbier, dans les avocats plaidants.

A qui voudrait faire la biographie de ces hommes célèbres, s'offriraient le modèle des plus grands talents, l'exemple des plus hautes vertus : la noblesse et la fermeté du caractère, une moralité fortifiée par le sentiment religieux, une science profonde, la dialectique unie à l'éloquence, toutes les qualités qui font l'homme de bien et le grand citoyen : travail opiniâtre, désintéressement, dévouement patriotique, abnégation de son repos, de sa vie, pour consacrer son temps, ses veilles, toutes ses facultés au bien public.

Quelques traits détachés de leur vie, isolés (que faire de plus dans un seul discours?), pourront en donner une idée.

Au premier rang se présentent LHOSPITAL et DAGUESSEAU : placés à des degrés de civilisation fort éloignés ; différents entre eux par le caractère et le genre de talents, comme par le siècle où ils ont vécu ; mais tous deux également recommandables par de grands services rendus à l'état, et par la promulgation de sages lois, non pas brusquées, mais profondément méditées, rédigées avec soin, utiles et durables dans leurs effets.

L'HOSPITAL.

Lhospital, grave et austère, nous apparaît dans le lointain. Brantôme nous en a laissé un portrait qui mérite d'être retracé. Dans la *Vie du connétable de Montmorency*, il dit, en parlant de ce dernier : « Que
» plust à Dieu fust-il encore vivant !..... et qu'avec lui fust joint un chan-
» celier de Lhospital, que je veux dire avoir été le plus grand chancelier,
» le plus savant, le plus digne et le plus universel qui fust jamais en
» France ! C'étoit un autre censeur Caton, celui-là, et qui savoit très-
» bien censurer et corriger le monde corrompu. Il en avoit du tout
» l'apparence avec sa grande barbe blanche, son visage pasle, sa façon
» grave, qu'on eust dit, à le voir, que c'estoit un vrai portrait de
» saint Hiérosme; ainsi plusieurs le disoient à la cour. »

On doit à Lhospital l'édit de Romorantin, qui a épargné à la France le fléau de l'inquisition ; — l'ordonnance d'Orléans, qui est à la fois un code administratif, judiciaire et religieux; — l'édit de Roussillon, qui a fixé au premier janvier le commencement de l'année, que l'on avait datée jusque-là du jour de Pâques ; — l'ordonnance du domaine, de 1566 ; — l'édit de Moulins, pour la réformation de la justice ; — l'établissement des tribunaux de commerce, sous le titre de juges-consuls. — On peut ajouter encore ces *lois somptuaires*, en apparence si minutieuses, et en effet si sages et si utiles, surtout pour le temps où elles furent portées; lois incompatibles avec notre délicatesse et notre faste actuel, mais qui s'accordent néanmoins avec les règles de la tempérance, de la pudeur et d'une exquise moralité.

Daguesseau, bien digne de se porter juge de la législation de Lhospital, regarde les lois dont nous sommes redevables à ce grand homme comme le fondement des plus utiles qui aient été faites dans la suite par nos rois, et qui ne sont guère que les conséquences de ces lois fonda-

Cour de Cassation.
Galerie des Magistrats et Jurisconsultes

LHOSPITAL.

Cour de Cassation.
Galerie des Magistrats et Jurisconsultes.

D'AGUESSEAU.

mentales. Et pourtant, il faut bien le remarquer, ces lois, dues à la sagesse, à la constance, à l'énergie de Lhospital, ont été portées dans les temps les plus calamiteux de notre histoire, et les plus féconds en désordres publics !

Devenu chancelier, après avoir connu l'exil et passé par les divers grades de la magistrature, Lhospital apporta dans l'exercice de cette première charge du royaume l'exemple d'une vie simple et frugale, de mœurs austères, et d'une grande application à ses devoirs. On le vit donner un soin minutieux à ne pourvoir des fonctions de juge que les sujets les plus dignes, prenant lui-même la peine de les examiner, pour mieux s'assurer de leur capacité (1). Dans le conseil où sa position était rendue si difficile entre un roi enfant, dont il s'efforça d'abréger la minorité; une reine-mère, jalouse de son pouvoir et qui ne savait s'arrêter à aucun parti; les Guises, qui, *sous couleur de religion*, voulaient supplanter la branche des Bourbons, et ceux-ci, réduits, pour se défendre, à se faire les chefs du *contraire parti* : Lhospital, toujours l'homme du trône et de la France, fidèle à ses maximes, n'opina jamais pour les *moyens extrêmes*, mais uniquement pour les voies de *conciliation*. Son grand but était d'éviter la guerre civile ; il ne voyait de salut que dans *la tolérance*, et il ne cessait de la conseiller. Plus tard, et lorsqu'il vit que ses avis n'étaient plus écoutés, que l'on se cachait de lui pour délibérer, et que le bien était désormais impossible, il prit le parti de se retirer.

Il habitait sa petite terre de Vignay, près d'Étampes, et s'y livrait aux douceurs d'une vie privée, qui n'était troublée que par le sentiment douloureux des maux de la patrie..... Mais son temps d'épreuves n'était pas encore terminé. Lhospital se recommande surtout par la vigueur et

---

(1) C'est ainsi qu'après avoir interrogé deux jeunes gens qui lui avaient été vivement recommandés comme des *capacités* très-distinguées, certain du contraire par leurs réponses, il les renvoya à leurs patrons, en disant que c'étaient de *grands ânes!*

l'énergie du caractère : c'est, parmi nous, le modèle le plus parfait du *courage civil*. Il avait pris pour lui la devise du sage d'Horace, *impavidum ferient ruinæ* : il s'y montra fidèle.

La Saint-Barthélemy avait été résolue; le parti des Guises avait désigné Lhospital pour victime. Une bande d'assassins se présente : on demande ses ordres pour fermer les portes et repousser la force par la force : « *Non, non*, dit-il; *et si la petite n'est bastante pour les faire » entrer, qu'on ouvre la grande.* » Heureusement que ses domestiques ne tinrent pas compte de sa recommandation, et qu'ils résistèrent assez longtemps pour qu'une troupe de cavaliers envoyés par le roi et la reine pût le délivrer. Le chef de cette troupe lui ayant annoncé qu'on lui *pardonnait l'opposition* qu'il avait si longtemps formée aux mesures projetées contre les protestants, Lhospital lui répondit froidement : « *J'ignorais que j'eusse jamais mérité ni la mort ni le pardon.* »

Pauvre et désintéressé, après avoir été chancelier de France pendant huit ans, il se vit réduit à réclamer des *aliments* pour lui, et une *dot* pour sa fille unique!

Étienne Pasquier a eu raison de le proposer pour modèle à ses successeurs, et de désirer que tous les chanceliers *moulassent leur vie sur la sienne*.

L'année 1836 ne s'écoulera pas sans voir le modeste monument qui lui est consacré dans la petite église de Vignay, restauré à l'aide d'une souscription à laquelle la Cour entière a voulu prendre part, afin de marquer son respect pour la mémoire du plus grand magistrat dont la France puisse s'honorer.

DAGUESSEAU.

Daguesseau arriva dans des temps meilleurs : les mœurs s'étaient progressivement adoucies. La littérature française venait de jeter son plus grand éclat ; aussi fut-il le plus poli, le plus lettré des magistrats Rien n'égale l'harmonie et la perfection de son style : c'est le Massillon du barreau.

Nommé avocat-général en 1691, son début produisit une telle sensation, que son collègue Denis Talon, déjà vieux, lui rendit publiquement hommage en disant : « *Je voudrais finir comme ce jeune homme a commencé.* »

Procureur-général, il mérita cet autre éloge que le comte de Ségur a fait de lui : — « Son autorité sévère maintenait invariablement l'ordre public sans troubler le repos privé par cette ardeur inquiète qui confond l'imprudence avec le crime, la pensée avec l'action, et devant laquelle on paraît coupable dès qu'on est soupçonné ! — Je regarde, disait-il, la condamnation d'un citoyen comme une calamité publique. »

Daguesseau, chancelier, fut le promoteur des ordonnances les plus importantes et les plus vivement désirées, sur les donations, les testaments, les substitutions, qu'il avait surtout en vue de *restreindre* : on lui doit le règlement du conseil de 1738, qui, encore à présent, est le fondement de la procédure qui s'observe en cette Cour et devant le Conseil-d'État.

Quelque étendues que fussent les lumières personnelles du chancelier, il ne s'en rapportait pas à lui seul ; il consultait religieusement les cours souveraines ; il appelait à son aide les jurisconsultes les plus instruits, il indiquait lui-même avec précision les points sur lesquels il désirait prendre les avis : ses *Questions sur les substitutions* sont un monument du soin qu'il apportait à éclaircir tous les doutes, à résoudre toutes les difficultés.

Le vieux style de ces ordonnances contraste singulièrement avec le style si pur du chancelier : on croirait les lois d'un autre âge que le législateur ! mais les lois avaient alors leur langue propre, et si leur rédaction n'y gagnait pas en élégance, on ne peut nier cependant que le grand soin qu'on apportait à n'employer que des locutions et des mots dont le sens était bien défini, et dont les rédacteurs avaient soigneusement pesé toute la portée, compensait avantageusement le défaut de quelques tournures surannées.

Si Daguesseau eut ses jours de gloire et de bonheur, il eut aussi ses vicissitudes et ses tribulations.

Déjà (sous Louis XIV) attentif à défendre les libertés de l'église gallicane, objet de la sollicitude de tous les grands magistrats, il avait, comme procureur-général, résisté avec fermeté au roi, au pape, au chancelier, et s'était opposé hardiment à la publication de la bulle *Unigenitus*. On regardait sa disgrâce comme inévitable; mais il avait affaire à Louis XIV, et ce grand roi, plus sage que ses conseillers, respecta l'indépendance et la rigidité du magistrat. Que ne sut-il également résister à de plus funestes conseils, qui ne vinrent que trop tôt empoisonner la fin de son règne et justifier la résistance de Daguesseau !

Sous la régence, Daguesseau, qui venait d'être nommé chancelier, se vit en contact avec le financier Law, dont il avait, dès l'origine, combattu les trompeuses promesses en signalant toutes les déceptions de ce qu'on appelait le *système*. Mais on voulait de l'argent, il en fallait à tout prix; et le chancelier fut sacrifié au banquier d'outre-mer. Il voulait empêcher la ruine de l'État, et on le traita comme un ennemi de la fortune publique : il fut exilé à Fresnes. Mais bientôt le *système*, qui n'avait engendré que des embarras et des désastres, ayant attiré sur le gouvernement une immense déconsidération, Law lui-même, qui se sentait accablé sous le poids de la haine publique, se vit contraint de déclarer au régent que le ministère ne pouvait plus marcher, et que la confiance était entièrement perdue si l'on ne rappelait le chancelier. Les sceaux lui furent rendus.

Une nouvelle épreuve l'attendait. En 1722, Daguesseau se retrouva aux prises avec l'abbé Dubois! Ce favori, dont les vices souillèrent à la fois la toge française et la pourpre romaine, ayant été nommé premier ministre, Daguesseau s'opposa avec fermeté à ce choix indigne. Trop de points séparaient Daguesseau et le cardinal! Comment, en effet, un chancelier honnête homme et un ministre aussi dépravé que Dubois auraient-ils pu marcher d'accord?..... Mais la souplesse et les expédients de Dubois étaient agréables à la cour, et l'austérité du chancelier n'était qu'importune; on lui retira encore les sceaux, et pour la seconde fois il fut exilé à Fresnes.

Mais on peut dire que, par les événements, Daguesseau fut trois fois glorifié. — Les persécutions, les exils et les violences qui suivirent la publication de la bulle *Unigenitus*, justifièrent sa résistance à cet acte de réaction. — La ruine de l'état et celle des particuliers justifia son opposition au système mis en vogue par le financier écossais. — Enfin le mépris attaché à la personne et à la conduite de Dubois n'a fait que mettre plus en relief la vertu du chancelier qui avait refusé d'être son collègue au ministère. — On arrivait ainsi au temps où l'on vit le chancelier Maupeou, ce destructeur des parlements, prostituer sa dignité au point de jouer au colin-maillard *en simarre* avec la Dubarry!..... et l'on a pu s'étonner ensuite, qu'une telle dégradation des premiers conseillers du trône ait contribué à produire une révolution où le trône lui-même, descendu dans le Parc-aux-Cerfs, a péri!

Pendant son exil à Fresnes, Daguesseau fut plus heureux que Lhospital dans sa retraite de Vignay; l'émeute ne vint point le visiter, mais il y reçut le nonce Quirini. Ce prélat lui dit en l'abordant : « *Je viens voir l'arsenal où se forgent les armes contre la cour de Rome. — Dites mieux, monsieur*, répliqua vivement le chancelier; *dites l'arsenal où se forgent les boucliers qui repoussent vos armes.* » Daguesseau avait raison; il donnait ainsi la meilleure définition des *libertés de l'église gallicane*.

Le nom de Daguesseau n'est pas seulement un des plus grands dont la magistrature puisse s'honorer : il doit surtout être cher aux avocats. Aucun magistrat n'a parlé de leur Ordre en termes plus dignes et plus relevés. Combien de fois n'a-t-on pas redit ces belles paroles : « Un » Ordre aussi ancien que la magistrature, aussi nécessaire que la jus- » tice, aussi noble que la vertu! »

Bien près des chanceliers, viennent se placer les premiers présidents du parlement de Paris, de ce corps célèbre qui a fondé en France le gouvernement civil, affermi l'autorité royale, fait régner la justice à la place de la force, et remplacé la brutalité féodale par un ordre de choses basé sur le droit. Tel était en effet le principe posé par nos jurisconsultes : qu'en France la puissance publique doit être exercée *par justice, et non à discrétion* (1).

Le parlement de Paris dut l'accroissement successif de son pouvoir et l'immense considération dont il jouissait, principalement aux hommes illustres placés à sa tête, qui lui communiquèrent la force de leur caractère et qui répandirent sur lui l'éclat de leur vertu.

LA VACQUERIE.

Tel fut La Vacquerie, premier président sous Louis XI, lorsque, sous ce règne pourtant si despotique, il se fit admirer par son intrépidité à soutenir les intérêts du peuple. En effet, Louis XI ayant envoyé au parlement, pour y être vérifiés, des édits onéreux qui augmentaient outre mesure les charges publiques, et ayant accompagné cet envoi de cruelles menaces en cas de résistance, le premier président se ren-

(1) Loyseau, *Des Seigneuries*, ch 12, n° 9.

Cour de Cassation.
Galerie des Magistrats et Jurisconsultes.

LAVACQUERIE.

dit au palais, à la tête de sa cour en robes rouges, et dit au monarque :
« *Sire, nous venons remettre nos charges entre vos mains, et souffrir*
» *tout ce qu'il vous plaira plutôt que d'offenser nos consciences.* » —
C'est aussi ce que disait le premier président de Harlay à Henri IV :
« Sire, devez recevoir en bonne part ce qui vous est remontré en
» toute humilité, car il nous est commandé de craindre Dieu et ho-
» norer notre roi. La crainte de Dieu est la première et que nous devons
» préférer à toutes choses.... C'est pourquoi, sire, quand vous nous
» faites demander quelque chose *à laquelle il nous semble en nos con-*
» *sciences ne pouvoir acquiescer*, votre majesté ne le doit prendre en
» mauvaise part, *ni juger désobéissance le devoir que nous faisons en*
» *nos états*, parce que nous estimons que vous ne la voulez, sinon
» d'autant qu'elle est juste et raisonnable, et qu'ayant entendu qu'elle
» n'est telle, ne serez pas offensé de n'avoir pas été obéi... (1). »

De Harlay parlait ainsi à Henri IV, mais La Vacquerie s'adressait à
Louis XI, et certes il fallait être animé d'un grand courage et d'un entier dévouement pour s'exprimer avec cette hardiesse devant un tel
roi. Cependant, au grand étonnement de tous, elle eut le plus heureux
résultat. Louis révoqua ses édits en présence des intrépides magistrats,
dit qu'il ne leur en adresserait plus de semblables, et les renvoya en
les priant de continuer à bien rendre la justice. Ce dévouement de La
Vacquerie est d'autant plus louable, qu'il était sans aucuns biens. C'est
de lui que le chancelier de Lhospital a dit, dans une de ses harangues :
« *J'aimerais mieux la pauvreté du président de La Vacquerie que d'avoir*
» *tous les biens du chancelier Raulin* (2), » à qui le duc de Bourgogne,
excédé de ses déprédations, fut enfin obligé de dire : « *C'est trop,*
Raulin ! »

(1) *Cérémonial français*, t. II, page 597.
(2) *Dialogue des avocats*, de Loysel, page 191.

MATTHIEU MOLÉ.

Plus énergique encore et plus majestueux que La Vacquerie, parce qu'il eut à lutter contre de plus grands périls, MATTHIEU MOLÉ s'offre à nos souvenirs, tel parmi les premiers présidents que Lhospital parmi les chanceliers. Le tableau qui le représente revêtu de sa toge, à la tête du parlement, au milieu des factieux, bravant leurs poignards, et leur imposant par le calme de son maintien et la seule autorité de sa parole, est à mes yeux supérieur, comme leçon morale capable d'élever l'âme et de grandir le cœur, à tous les tableaux de batailles et de combats, où chacun, s'il est exposé à recevoir la mort, est aussi en mesure de la donner. Le cardinal de Retz, quoique ennemi du président Molé, n'a fait que lui rendre justice lorsqu'il a dit : « Si » ce n'étoit une espèce de blasphème de dire qu'il y a dans notre » siècle quelqu'un de plus intrépide que le grand Gustave et le » prince de Condé, je dirois que ç'a été Matthieu Molé, premier président. »

Il était garde des sceaux quand son hôtel fut assailli par une émeute ; ses gens effrayés se barricadent. Schomberg lui offre des troupes pour le protéger : Molé refuse, et, à l'exemple du chancelier Lhospital, il ordonne d'ouvrir les portes. Il se présente seul aux factieux : « *Si vous ne vous retirez à l'instant*, leur dit-il, *je vous fais tous pendre.* » Et ces misérables s'enfuirent épouvantés, comme si la main de justice eût été ouverte sur chacun d'eux.

Tant qu'il fallut lutter alternativement contre l'arbitraire de Mazarin, contre l'ambition des princes et l'anarchie des rues, le crédit de Molé se soutint. Les uns se rangeaient derrière lui, d'autres l'admiraient, ou du moins se taisaient..... Le parlement était fier de le pos-

Cour de Cassation
des Magistrats et Jurisconsultes.

MATTHIEU MOLÉ.

séder à sa tête ! Il sentait que nul autre à sa place n'eût montré plus de grandeur d'âme ni mieux soutenu sa dignité. Mais à peine les temps furent devenus meilleurs, on le trouva moins nécessaire, et l'on ne craignit point d'être ingrat envers lui.

De Retz avoue que Matthieu Molé *voulait le bien de l'État préférablement à toutes choses*. Quel plus bel éloge, surtout de la part d'un adversaire politique! Mais ceux qui ne cherchaient que *leur avantage particulier*, mais tous ceux qui se taisaient en présence des périls que Molé n'avait pas craint d'affronter, se liguèrent contre lui et cherchèrent à lui susciter des ennuis. Il devait à son tour éprouver l'ingratitude et l'injustice des partis! Sa situation, après des luttes si glorieuses, est représentée avec une grande vérité dans le très-beau discours que M. Hello, procureur-général à la cour royale de Rennes, a prononcé en l'honneur de ce magistrat à la rentrée de 1834. Je livre ce passage à la méditation des hommes d'État (1). « C'est ainsi, dit
» M. Hello, que se passa la vie d'un des grands magistrats dont la France
» s'honore, à résister aux uns, à contenir les autres, à courir de l'in-
» cendie qu'il venait d'éteindre à l'incendie qui éclatait quelques pas
» plus loin. En dehors de tous les partis, chacun d'eux tentait de
» se l'attirer; mais *il était dans sa nature de ne céder à aucun entraî-*
» *nement*. L'immobilité de cet homme, au sein de tant de mouve-
» ments contraires, ne pouvait manquer d'être importune à ceux qui
» venaient s'y heurter. Son indépendance leur déplut à tous; en refu-
» sant également leur joug, il mérita également leur admiration et
» leur haine, et vit tomber son crédit politique en même temps que
» croître son autorité morale. Auquel, en effet, des trois partis qui se
» disputaient sa conquête, sa loyauté eût-elle pu *s'allier sans ré-*
» *serve ?* »

(1) *Voyez* ce discours, t. VI de l'*Observateur des Tribunaux*, page 114.

HENRION DE PANSEY.

Un autre magistrat, auquel il ne fut pas donné de lutter contre d'aussi redoutables émotions, vient reposer nos esprits et nous présente le tranquille modèle de ces paisibles vertus qui, dans les temps ordinaires, suffisent à l'accomplissement du devoir.

Je veux parler de M. Henrion de Pansey. J'ai dit de lui quelque part qu'il est le seul parmi les modernes qui n'ait redouté la comparaison avec aucun ancien. En effet, qui fut, à aucune époque, plus savant de ce qu'il faut savoir, plus intègre, plus vertueux que lui? Digne organe de nos lois, leur plus sage et leur plus fidèle interprète; d'abord avocat, n'ayant toutefois plaidé qu'une seule cause, mais ce fut une cause de liberté (1). Admirateur de Dumoulin, docte abréviateur de son traité des fiefs, et son éloquent panégyriste dans un discours où se trouve ce magnifique portrait du véritable avocat, tracé dans une seule phrase, qu'il m'a souvent récitée *comme celle qu'il était le plus fier d'avoir écrite* : « Libre des entraves qui captivent les autres hommes, trop fier pour avoir des protecteurs, trop obscur pour avoir des protégés; sans esclaves et sans maîtres, ce serait l'homme dans sa dignité originelle, si un tel homme existait encore sur la terre. »

Au milieu de cette illustration de l'ordre judiciaire, le parquet, organe de la parole publique, a constamment soutenu et partagé l'honneur des corps dont il faisait partie et dont il préparait les délibérations. Dans la glorieuse série des procureurs-généraux, on trouve les

---

(1) Celle d'un pauvre nègre esclave, que son maître avait amené en France en négligeant d'accomplir les formalités prescrites alors par les lois, pour être autorisé à le réexporter. L'arrêt prononça la mise en liberté. La Cour de cassation a, depuis, consacré le même principe dans la cause de l'Indien Furcy.

Cour de Cassation
Galerie des Magistrats et Jurisconsultes

HENRION DE PANSEY.

noms de Saint-Romain, Laguesle, Bellièvre, Matthieu Molé avant qu'il fût premier président, les deux de Harlay, quatre Joly de Fleury; et parmi les avocats-généraux qui les secondaient dans l'action de la parole, on rencontre, dès le XIV° siècle, Raoul de Presles, auteur de l'ouvrage politique intitulé : *Le Songe du Vergier;* Pierre de Cugnières, qui s'opposa le premier aux usurpations de la cour de Rome par l'introduction des appels comme d'abus; dans le XVI° siècle, Pierre Séguier, Augustin de Thou, Barnabé Brisson, Louis Servin, le Niverniste Simon-Marion; et dans le siècle dernier, Jérôme Bignon, Omer Talon, les Gilbert de Voisins, les Lamoignon, et encore un Séguier!

Daguesseau s'est acquis par ses réquisitoires et ses plaidoyers une gloire aussi durable que par les actes de sa chancellerie. Avant son opposition à l'enregistrement de la bulle *Unigenitus*, le procureur-général de Saint-Romain avait mérité une gloire égale par sa résistance à l'abolition de la pragmatique-sanction (1).

---

(1) L'auteur de l'histoire de Louis XI, intitulée la *Chronique scandaleuse*, sous l'année 1467, raconte ainsi cette action remarquable du procureur-général de Saint-Romain : « Audit temps, au mois de septembre, dit-il, le roy bailla ses lettres à un légat venu de » Rome, de par le pape, pour la rompture de la pragmatique-sanction : lesquelles lettres » furent leuës et publiées au Chastelet de Paris, sans y avoir aucun contredit ou opposition. » Et le premier jour d'octobre en suivant, maistre Jean Baluë fut à la salle du Palais-Royal, » à Paris, la cour du parlement vacant, pour illec aussi faire publier lesdites lettres, » où il trouva maistre Jean de Sainct-Romain, procureur-général du roy, notre sire, qui » formellement s'opposa à l'effet et exécution desdites lettres, dont ledit Baluë fut fort » déplaisant. Et pour cette cause fit audit de Sainct-Romain plusieurs menasses, en » lui disant que le roy n'en seroit point content et qu'il le désappointeroit de son office : » de quoy ledit Sainct-Romain ne tint pas grand compte; mais lui dit et respondit que » le roy lui avoit donné et baillé ledit office, lequel il tiendroit et exerceroit, et jus- » qu'au bon plaisir du roy. Et quand son plaisir seroit de le lui oster, que faire le pour- » roit; mais qu'il estoit du tout délibéré et bien résolu de tout perdre avant que de » faire chose qui fust contre son ame, ne dommage au royaume de France et à la chose » publique, et dit audit Baluë qu'il devoit avoir grand'honte de poursuivre ladite expédi- » tion. Et en après, le recteur de l'Université de Paris et les supposts d'icelle allèrent par- » devers ledit légat, qui de lui appelèrent et desdites lettres, au saint concile, et partout » ailleurs où il verroit estre à faire, et puis vindrent au Chastelet, où pareillement autant » en dirent, et firent illec enregistrer leur opposition. »

LOUIS SERVIN.

Louis Servin, nommé avocat-général par Henri IV, eut occasion, sous le règne suivant, de montrer une fermeté invincible, un attachement inviolable, mais éclairé, pour la personne du souverain. Il expira en 1626, aux pieds de Louis XIII, dans le moment même où il faisait d'énergiques remontrances à ce prince, au sujet de quelques édits bursaux qu'il avait fait apporter au parlement pour les faire enregistrer d'autorité en sa présence dans un lit de justice (1). Témoin de cette mort glorieuse, le conseiller Bouguier en conserva la mémoire dans ces deux vers latins qu'a recueillis la postérité :

> Servinum una dies pro libertate loquentem
> Vidit, et oppressà pro libertate cadentem.

Tels étaient les *gens du roi,* préposés, non pour plaire à la cour, ni pour céder aveuglément à toutes les exigences du pouvoir, mais pour dire hautement ce qui, en âme et conscience, leur apparaissait comme étant le bien de l'État et le véritable intérêt de la couronne.

(1) Aussi disait-on de Servin, qu'il était mort *dans son lit.*

Cour de Cassation.
Galerie des Magistrats et Jurisconsultes

LOUIS SERVIN.

Cour de Cassation.
Galerie des Magistrats et Jurisconsultes

OMER . TALON.

Chez Joubert, Lib. Ed, rue des Grès, N.º 14.   Lith. de Benard & Frey

OMER TALON.

Ils justifiaient ce qu'a dit de leur ministère un des hommes qui l'a le mieux compris et le mieux exercé, OMER TALON, qu'ils n'étaient pas seulement les *gens du roi* pour les affaires que S. M. pouvait avoir au parlement, mais qu'ils étaient aussi les *gens de la nation* pour tout ce qui est de l'intérêt du royaume, de l'ordre public et de la saine invocation de la loi.

Talon, que je viens de citer, expliquait au roi lui-même, dans un lit de justice, à quel point l'indépendance des magistrats importait à son autorité : « Vous êtes, sire, notre souverain seigneur; votre majesté,
» sire, ne doit compte de ses actions, après Dieu, qu'à sa conscience ;
» mais il importe à sa gloire que nous soyons des hommes libres, et
» non pas des esclaves : la grandeur de son État et la dignité de sa Cou-
» ronne se mesurent par la qualité de ceux qui lui obéissent. »

C'est avec cette noblesse et cette franchise d'expression qu'Omer Talon justifiait l'espérance qu'il disait avoir conçue « de pouvoir réta-
» blir dans nos cours l'ancien langage de nos ancêtres, ce langage
» qu'une mauvaise et infâme adulation avait mis hors d'usage. »

Lorsque Talon avait parlé de la sorte, ou, suivant une expression qui lui est familière, lorsqu'il avait tenu des discours *de cette qualité*, l'on peut croire qu'il n'était pas ménagé par les courtisans auprès du roi et auprès des ministres. Il sut que, le soir même du jour où il avait prononcé son célèbre discours du 7 septembre 1645, Mazarin en avait témoigné son déplaisir *avec des paroles de colère, d'aigreur et de mauvaise volonté*. « Je fus averti, dit M. Talon, et m'étant donné la
» peine de savoir ce qui s'était passé en la matière, j'ai aperçu que la

» cour est un pays de mensonge, dans lequel il est difficile de réussir
» aux hommes de cœur, de probité et de vérité. »

J'ai emprunté ces citations à l'édition des *Plaidoyers et discours* d'O-
mer Talon, que nous devons aux soins d'un savant magistrat de cette
cour (1). Quoique dans cette édition il ait dû « faire un choix, et préfé-
» rer, comme il le dit, parmi ces discours, ceux qui, malgré la diffé-
» rence des temps et des mœurs, sont encore précieux à connaître », je
regrette, je l'avoue, de ne pas y trouver ceux qui portent les titres
suivants : *De la modération. — Il faut se rendre digne de sa place.
— Les magistrats ne doivent obéir qu'à la loi.— La dignité des grandes
Compagnies consiste, non-seulement dans l'intégrité des mœurs, mais
dans la vigueur des sentiments publics.*

ANTOINE-LOUIS SÉGUIER.

Antoine-Louis Séguier a été le dernier titulaire des avocats-généraux
au parlement de Paris. En lui n'a point péri leur gloire, car il a mérité
d'être rangé parmi les plus éloquents. Sa position fut surtout rendue
délicate par la nécessité qui lui fut imposée de défendre un ordre de
choses qui croulait, contre une révolution puissante qui s'annonçait de
toutes parts. Ainsi, tandis que La Chalotais, Montclar et Servan soute-
naient dans les provinces des questions entourées de la faveur popu-
laire, Séguier, placé au centre du royaume, eut pour mission de com-
battre par ses réquisitoires les écrits de ceux qu'on a désignés sous le
nom de *philosophes*, et d'attaquer, dans leurs livres, les maximes qui
semblaient menacer l'ordre établi.

Académicien, il lui en coûtait de poursuivre des gens de lettres : son

(1) M. Rives.

Cour de Cassation
Galerie des Magistrats et Jurisconsultes.

A. L. SÉGUIER.

Chez Joubert, Lib.Ed, rue des Grès, N.º 14.   Lith. de Benard & Frey.

au Châtelet; une condamnation rigoureuse avait été prononcée par ce tribunal. M. Séguier tendit une main secourable à l'écrivain philosophe, et sur l'appel l'injustice fut réparée.

L'indépendance et l'impartialité de l'avocat-général Séguier sont encore mieux attestées par son plaidoyer dans le procès du père Lavalette. Quoiqu'il eût été élevé par les jésuites, il n'hésita point à se prononcer contre eux dans cette affaire scandaleuse, qui devint le signal de la destruction de leur société.

Dans d'autres occasions (1), l'avocat-général Séguier eut également à défendre les droits de la couronne et les libertés de l'église gallicane contre les tentatives ultramontaines. « En cela, dit encore M. Portalis, » Séguier se montra digne de ses ancêtres et de tous les hommes il-» lustres qui l'avaient précédé dans l'important ministère qu'il rem-» plissait. Si la France n'a jamais subi le joug ultramontain, ajoute-» t-il, si elle a su échapper aux dangers et aux fureurs de l'inquisi-» tion ; si, dans les temps les plus difficiles, elle est parvenue à faire » reconnaître son indépendance par les papes eux-mêmes, elle en est » redevable à ces grands corps de magistrature qui ont défendu en » tous temps, avec autant de fidélité et de courage que de lumières, » le dépôt sacré de nos franchises et de nos libertés. »

DUMOULIN.

Dans ces luttes, les magistrats étaient ordinairement soutenus par les efforts et l'autorité des jurisconsultes. Tel se montra CHARLES DUMOULIN. Esprit ardent et ferme, dans ces disputes du moyen âge entre les droits des souverains et les prétentions exagérées des papes, il ne pou-

---

(1) En 1765, en dénonçant l'auteur de l'*Histoire* (prétendue) *impartiale des Jésuites* ; — et en demandant la *suppression du bref de Clément XIII*, du 30 janvier 1768, par lequel ce pape avait violé les droits des souverains, en prononçant la cassation des édits du duc de Parme.

cœur était plus satisfait lorsqu'il plaidait leur cause en défendant le principe absolu de *la propriété littéraire;* ou lorsqu'il invoquait l'inviolabilité du lien conjugal dans la célèbre affaire du juif Élie Lévi; ou l'innocence des mœurs dans la cause non moins célèbre de *la rosière de Salency;* ou lorsqu'il opinait pour l'acquittement de l'infortuné Lalli!... Mais une voix plus éloquente que la mienne a pris soin de le défendre contre l'imputation *d'avoir été le dénonciateur des philosophes et des hommes de lettres au parlement:* c'est M. Portalis l'ancien, dans l'éloge de M. Séguier, prononcé le 2 janvier 1806 au sein même de l'académie, et par conséquent en présence des parties intéressées. Dans cette éloquente apologie, l'orateur, auquel on ne contestera pas d'avoir été l'ami des lettres et de la véritable philosophie, montre comment M. Séguier, qui était par sa place *le surveillant des mœurs et des opinions,* n'avait pu se dispenser de poursuivre les écrits qui attaquaient journellement les maximes fondamentales de l'ordre social et de l'État. « Je sais, dit-il, que pour la prospérité des sciences, pour la
» propagation des lumières, il faut que la raison humaine soit libre
» dans le choix de ses recherches et dans les diverses manières de se
» produire. En général, la liberté est le principe créateur de toutes les
» pensées utiles et de toutes les grandes conceptions; *mais il n'est
» point de liberté sans limites.* L'homme qui renferme dans le secret de
» son âme ses pensées et ses opinions, n'en est comptable qu'à lui-
» même; s'il les publie, il en devient comptable à la société. L'indé-
» pendance naturelle de chaque individu finit où l'intérêt de tous
» commence... » Cette doctrine, messieurs, n'a pas cessé d'être la vraie : elle se retrouve dans l'article 7 de notre Charte constitutionnelle.

Du reste, il faut le reconnaître, la censure de M. Séguier sur les écrits publics ne dégénéra jamais en intolérance, et moins encore en oppression. L'auteur de *la Philosophie de la nature* avait été traduit

Cour de Cassation.
des Magistrats et Jurisconsultes.

DUMOULIN.

vait rester muet. Sa logique n'était pas seulement blessée de ce renversement de tous les principes; son patriotisme en était surtout offensé! Dans tous ses écrits sur ces matières, on voit que le sentiment de l'indépendance de la couronne de France et celui de la dignité nationale étaient son principal stimulant. Il attaquait les abus aussi résolument que s'il eût été certain de les vaincre. *Veritas vincit*, était sa devise; et il y croyait. Son commentaire sur l'*Édit des petites dates* portait éminemment l'empreinte de ce caractère (1). Aussi, lorsque le connétable de Montmorency, qui appréciait tout le mérite de Dumoulin, le présenta au roi Henri II, il ne balança point à lui dire : « Sire, ce que
» votre majesté n'a pu faire et exécuter avec trente mille hommes, de
» forcer le pape Jules à lui demander la paix, ce petit homme (car Du-
» moulin était d'une petite stature) l'a achevé avec son petit livret. »

Dumoulin consulta aussi pour l'université contre les jésuites, et contre la réception du concile de Trente (en tant que loi de discipline), soutenant et démontrant, avec sa vigueur ordinaire, que plusieurs décrets de ce concile étaient contraires aux lois fondamentales, aux franchises du royaume et aux libertés de l'église gallicane; et dans cette lutte, il fut soutenu au conseil du roi par les présidents du parlement Christophe de Thou, Pierre Séguier, Christophe de Harlay et par le chancelier de Lhospital. .

Après cela, doit-on s'étonner que les ouvrages de Dumoulin aient été mis à l'*index* ?..... Mais ce qui surprend davantage, c'est que, pour éluder cette défense, les Italiens, qui connaissaient tout le mérite de ce grand jurisconsulte, et qui ne voulaient pas se priver du secours de sa science, firent réimprimer ses œuvres de droit sous le nom fantastique de Gaspar Caballinus! Ce n'est qu'à la faveur de ce déguisement qu'il fut permis de le citer en Italie.

(1) Zelo regiæ majestatis et ecclesiæ gallicanæ vindicandæ calamum arripui : in abusus curiæ romanæ et pontificum scripsi ; non ut statum ecclesiæ everterem, sed sanarem, et catholicæ emendationis causam darem. Principem meum pro virili meâ parte defendendo, etc.

La réputation de Dumoulin était européenne; son autorité dans les tribunaux était immense. « Le parlement de Paris, dit l'auteur de sa
» *Vie* placée en tête de ses œuvres, fit une telle estime de sa vertu et
» de sa suffisance, qu'il arrêta, toutes les chambres assemblées, de
» le mettre sur le rôle de ceux qui seraient nommés au roi pour être
» pourvus des offices de conseillers vacants. »

C'était la forme alors usitée. « En ce temps-là, dit Hardouin de Pé-
» réfixe dans sa *Vie de Henri IV*, le nombre des officiers de justice
» était fort petit, et l'ordre qu'on observait pour remplir les charges
» des parlements, parfaitement beau. On avait accoutumé d'y tenir
» un registre de tous les habiles avocats et jurisconsultes; et *quand*
» *quelque office venait à vaquer, on en choisissait trois, desquels on por-*
» *tait les noms au roi, qui préférait celui qui lui plaisait* (1). Mais les fa-
» voris et les courtisans corrompirent bientôt cet ordre; ils persuadè-
» rent au roi de *ne point s'arrêter à ceux qu'on lui présentait*, mais
» d'en donner *un de son propre mouvement*. Ce que ces gens-là faisaient
» pour retirer quelque avantage de celui qui était nommé par leur
» recommandation; et l'abus y était si grand, que souvent ces charges
» étaient remplies d'ignorants et de faquins; à cause de quoi les gens
» de mérite tenaient la condition d'avocat beaucoup plus honorable
» que celle de conseiller. »

Dumoulin fut touché, comme il le devait, de l'honneur que lui faisait le parlement; mais il répondit modestement qu'il trouvait plus

---

(1) Cujas, le grand Cujas lui-même, pour avoir négligé ces formes de *présentation* et avoir obtenu du roi Charles IX des lettres *de propre mouvement*, par lesquelles ce prince lui avait, *à cause de ses très-grands et très-recommandables labeurs*, octroyé un *office de conseiller honoraire* au parlement de Dauphiné, séant à Grenoble, vit sa réception retardée parce que c'était *chose extraordinaire et non usitée*; et il ne put obtenir l'enregistrement de ses lettres de provision, expédiées seulement sous Henri III, qu'avec la clause exprimée dans l'arrêt, que c'était *sans approbation de la forme suivie, et sans que cet arrêt de réception pût être tiré en aucune conséquence.*

de gloire à mériter la charge qu'on lui offrait par le jugement de la cour, que de la posséder en effet; que d'ailleurs il croyait qu'il serait plus utile au public et à son pays en s'attachant plus que jamais à la composition de ses livres; qu'il ne pouvait vaquer à tout.

Si, d'un côté, Dumoulin s'était acquis une si haute renommée, de l'autre sa gloire même lui avait attiré des envieux et des adversaires. Ceux-ci cherchèrent d'abord à acheter son silence; on lui fit des offres de l'indemniser fort au-delà de ce que pouvait produire la publication de ses ouvrages : il rejeta ces offres avec mépris, disant que le parti qu'on lui proposait était contre sa conscience. Il ajouta seulement que si ceux qui redoutaient ses écrits et dont il combattait les prétentions, s'amendaient, alors il leur promettait le silence, et cela *sans rien vendre d'eux*.

Bientôt, l'intolérance croissant, les persécutions s'allumèrent. Dumoulin ne put les éviter. On appela ses écrits des écrits séditieux : des poursuites furent dirigées contre lui, elles n'aboutirent qu'à sa pleine justification. C'est un des plus anciens procès de la presse (1). Mais la haine ne s'en tint pas là. Le parti des zélés fit à Dumoulin le même honneur qu'à Lhospital et à Matthieu Molé; on organisa contre lui une émeute qui mit sa vie en péril et se termina par le pillage de sa maison, dont il ne se plaignit toutefois que pour déplorer la perte de ses livres et de ses manuscrits. Il se sauva en Allemagne, alors le refuge de tous les hommes libres persécutés par l'intolérance. Il y fut accueilli avec empressement, et y professa le droit au milieu d'un concours immense d'auditeurs et avec un applaudissement extraordinaire. Jusque-là il

---

(1) Un des motifs allégués par ses dénonciateurs était que « si son livre était porté *en pays étrangers*, on en ferait querelle au roi, et que cela le mettrait mal avec le pape. » (*Vie de Dumoulin*, par Brodeau, liv. 2, chap. 4.) Alors, comme du temps de la restauration, la considération du *qu'en dira-t-on en pays étrangers?* influait sur les poursuites contre la presse

s'était intitulé *jurisconsulte parisien* ; depuis, il prit le titre de *jurisconsulte de France et de Germanie.*

Mais ce succès même ne tarda pas à lui susciter un autre genre d'ennemis : les professeurs de l'université de Tubinge, jaloux de sa supériorité (1), l'accusèrent *de propagande!*... Il fut obligé de quitter la contrée.

En s'acheminant vers la France où il lui était permis de rentrer, il s'arrêta quelque temps à Dôle et y donna des leçons publiques de droit ; elles y furent aussi suivies que celles de Tubinge. Mais, comme il refusa d'appuyer par une consultation une prétention injuste que soutenait le comte de Montbéliard, ce petit tyran le fit jeter en prison, dont il ne sortit que par les hardies et courageuses démarches de sa femme.

CUJAS.

Cujas eut une vie moins agitée que celle de Dumoulin : sa circonspection était extrême ; il évitait avec soin de se mêler aux querelles du temps, et répondait à ceux qui l'interrogeaient sur ces matières, que cela ne rentrait point dans l'édit du préteur : *Nil hoc ad edictum prætoris.* Mais la réserve la plus prudente ne suffit pas toujours, même dans les temps ordinaires, et à plus forte raison dans les temps de révolution, pour éviter les périls et les tribulations. Cujas était un homme de génie : que fallait-il de plus pour soulever contre lui toutes les médiocrités contemporaines ? Il l'éprouva d'abord à Toulouse, au sein de son propre pays, lorsque, dans un concours public pour une chaire vacante, il se vit préférer un certain Forcadel, par des professeurs

(1) Quis novus hic nostris successit sedibus hospes?

Cour de Cassation
Galerie des Magistrats et Jurisconsultes

CUJAS.

Chez Joubert, Lib. Edit, rue des Grés 14.   Lith. de Emard et Frey

qui aimèrent mieux se renforcer d'un sot dont ils n'avaient pas à redouter la concurrence, que de se donner pour collègue un homme dont le mérite supérieur les eût tous éclipsés..... C'est l'histoire de plus d'un concours.

Lhospital, alors chancelier de Marguerite de Valois, duchesse de Berry et sœur de François Ier, prit soin de venger Cujas, en l'appelant à Bourges pour y professer. Sa réputation toujours croissante le faisant rechercher de tous côtés, il enseigna successivement à Valence, à Avignon, à Turin, à Paris, et encore à Bourges où il revint se fixer (1). L'école de Cujas a produit un grand nombre de savants élèves. Parmi les plus célèbres, il faut compter Guy du Faure de Pibrac, le président Fabre (Petrus Faber), Paul de Foix, Antoine Loysel, Etienne Pasquier, François et Pierre Pithou. Il aimait ce dernier comme un frère, et lui en donna quelquefois le nom.

Malgré la prudente réserve dont j'ai parlé, et dont Cujas usa toute sa vie, il ne put éviter d'obtenir sa part dans les malheurs du temps. A Bourges, principal siége de sa gloire, on prit pour prétexte son attachement à Henri IV, il fut signalé comme *suspect*, et l'on ameuta contre lui la populace. « Peu s'en est fallu qu'elle ne m'ait » massacré, » écrivait-il à Antoine Loysel.

Cujas et Dumoulin sont les deux plus grands jurisconsultes que la France ait produits. L'Europe ne peut nous opposer aucun homme qui les ait surpassés, ni même égalés. L'un pour le droit romain, l'autre pour le droit français, ont montré une égale supériorité, ont joui d'une autorité semblable.

---

(1) Il y est mort le 4 octobre 1590. Une clause de son testament enjoint « *de ne vendre* » *nul de ses livres à des jésuites*, et de prendre garde à ceux à qui on en vendrait qu'ils » ne s'interposassent pour lesdits jésuites. » — Il craignait apparemment qu'ils n'abusassent des notes dont la plupart des marges étaient couvertes.

Cujas, plus poli, en expliquant les lois du peuple le plus civilisé, a écrit et parlé la langue du droit mieux qu'aucun moderne, et peut-être même aussi bien qu'aucun ancien, au jugement de Daguesseau.

Dumoulin, rude, âpre, sévère, écrivit sur nos coutumes dans un latin aussi barbare que le français qu'il commentait : mais d'une merveilleuse sagacité à en déduire le sens, à en révéler le véritable esprit, cherchant à les ramener toutes à des principes généraux, à des règles fixes, il tâchait de préparer leur alliance (1) par une conférence générale qu'il s'efforçait d'établir entre elles, rêvant pour la France *un Code civil uniforme*, au milieu des agitations les plus vives et des désordres les plus désespérants.

Selon moi, sans Cujas, Pothier n'eût pas fait ses *Pandectes*. Sans Dumoulin, il eût donné moins de solidité et de profondeur à ses *Traités de droit français*.

Sans l'un et l'autre, Domat n'eût pas trouvé la science assez débrouillée pour composer son admirable livre des *lois civiles*.

Enfin, sans les ouvrages de Domat et de Pothier, j'ose affirmer que notre *Code civil* n'aurait offert ni cette méthode, ni cette clarté, ni cette précision qui en font le plus bel ouvrage qui soit sorti de la main d'un législateur.

AVOCATS,

Votre Ordre n'est point oublié dans la nomenclature que j'ai parcourue. Déjà l'on a pu remarquer que nos plus grands magistrats sont sortis des rangs du barreau. Les Séguier en ont toujours fait gloire; le dernier avocat-général de ce nom, jouant sur le mot, disait

---

(1) Oratio Caroli Molinæi, *de Concordiâ et unione Consuetudinum Franciæ*.

qu'on l'appelait *avocat-général*, parce qu'il était le *général des avocats*; et, de fait, à cette époque, le nom du premier avocat-général était inscrit en tête du *Tableau des avocats*. Omer Talon avait longtemps exercé la profession d'avocat, avant de se risquer dans les fonctions du parquet. «Mon frère, dit-il, dans ses *Mémoires* (1), m'of-
» frait sa charge d'avocat-général, laquelle d'abord je refusai comme
» un emploi trop lourd et trop difficile; et, quoiqu'il y eût *dix-huit*
» *ans* que je fusse dans le barreau avec assez d'occupation, je ne
» pouvais pas me résoudre à entrer dans une charge que j'avais vu et
» entendu avoir été remplie des plus grands hommes du siècle passé,
» reconnaissant bien que je n'avais ni expérience, ni suffisance qui
» approchât de celle de tous ces messieurs. »

Cujas et Dumoulin sont les princes du barreau français. Quel lustre n'ont-ils pas répandu sur leur profession par leurs consultations, par leurs doctes écrits? Quant aux plaidoiries, Cujas ne s'y est pas essayé, et Dumoulin y a mal réussi. «*Il était*, dit Loysel (2), *le plus
» docte de son temps en droit civil et coutumier; et toutefois malha-
» bile en la fonction d'avocat, principalement au barreau.* » C'est sans doute parce qu'il plaidait d'une manière peu agréable, empêché qu'il était par une sorte de bégaiement, que le premier président du parlement de Paris, fatigué de l'entendre, lui dit un jour : «*Taisez-vous,
» maître Dumoulin, vous êtes un ignorant !* » L'Ordre des avocats ressentit vivement cette injure, et il fut arrêté que le Bâtonnier, avec une députation des anciens, irait s'en plaindre à M. le premier président. Admis à son audience, le Bâtonnier lui dit, avec toute la gravité du temps : *Læsisti hominem doctiorem quàm unquàm eris.* «Vous avez

---

(1) « Mémoires utiles, dit Voltaire, dignes d'un bon magistrat et d'un bon citoyen. »
(2) *Dialogue des avocats*, page 221 de mon édition de 1832.

» offensé un homme plus savant que vous ne serez jamais. » — « *Cela est vrai*, » dit avec autant de franchise que de modestie le premier président, « *j'ai eu tort ; je ne connaissais pas tout le mérite de M. Charles Dumoulin.* » Messieurs, ce premier président était Christophe de Thou (1).

Honneur à *l'esprit de corps* ainsi entendu, mis en pratique avec sagesse et modération, bien différent en cela de *l'esprit de parti* qui envenime, ravale et corrompt tout ! Gloire aussi à l'éloquence ! puisqu'elle donne de la valeur à la science elle-même, et que sans elle nous voyons l'homme le plus docte de son temps, méconnu au point de se voir traiter d'ignorant, parce qu'il n'avait pas le talent de produire sa science au grand jour de la plaidoirie.

Les avocats plaidants méritaient donc d'obtenir une représentation spéciale dans notre galerie : j'ai désigné Patru et Gerbier.

PATRU.

Patru, né en 1604, a marqué le premier progrès du barreau dans l'art d'écrire. Il fut jugé digne d'être reçu à l'académie. Boileau a dit de lui :

J'estime plus Patru, même dans l'indigence.
Qu'un ministre engraissé des malheurs de la France

---

(1) Le père de l'historien.

Cour de Cassation.
Galerie des Magistrats et Jurisconsultes

PATRU.

Chez Joubert, Lib. Ed., rue des Grès, N.º 14.   Lith. de Lemard & Frey.

Cour de Cassation.
Galerie des Magistrats et Jurisconsultes.

GERBIER.

Chez Joubert, Lib. Ed. rue des Orcés N.14.   Lith. de Demard & Frey.

GERBIER.

Gerbier, mort en 1788, avait atteint le plus haut degré de perfection dans l'action oratoire. Vainement dirait-on qu'il n'a rien écrit ou qu'il écrivait médiocrement; il fut orateur, sublime d'action, le premier de tous dans ce qui constituait son genre de talent: que demander de plus à sa mémoire? D'ailleurs, si Gerbier ne doit pas être estimé pour son style autant que par sa parole, il serait pourtant injuste de méconnaître que, dans ses grandes causes, cet avantage même ne lui a pas manqué. Pour s'en convaincre, il suffirait de lire (1) son plaidoyer pour un testament qui était attaqué comme renfermant la continuation du fidéi-commis de l'abbé Nicole. Là se trouve un épisode admirable dans lequel, faisant l'éloge de tous les grands hommes de Port-Royal, ces stoïciens du christianisme, Gerbier étale avec une pompe toute littéraire leurs titres à l'admiration du siècle qui suivit l'époque où ils furent persécutés. Enfin, si l'on considère que cette immense réputation de Gerbier s'est formée dans un des plus beaux siècles de notre littérature, qu'il a été entendu par ce qu'il y avait de plus éclairé en France, qu'il était l'*aigle du barreau* (2) à une époque où le barreau abondait en hommes supérieurs, on reconnaîtra que, s'il a obtenu sur eux une palme qu'aucun de ses émules n'a prétendu lui contester, c'est sans doute parce qu'elle lui était justement acquise.

(1) Dans les *Annales du Barreau*, t. II, deuxième partie, pag. 313. Ce recueil, publié par Warée, se recommande entre tous par son exactitude, le choix des matières et la bonne exécution typographique.

(2) On a dit de lui, en parlant du feu qui brillait dans ses regards, que l'*aigle du barreau* en avait aussi la physionomie.

Pourquoi faut-il, Messieurs, qu'à l'éloge des hommes dont le souvenir historique n'appelle plus que l'admiration, succède l'apologie de ceux dont la perte récente mérite d'exciter tous nos regrets!...

Dans l'année qui vient de s'écouler, la magistrature et le barreau ont eu leurs jours de deuil.

La Cour a perdu dans M. Carnot un magistrat ferme, intègre, laborieux, qui, sans négliger aucun de ses devoirs, a trouvé dans ses veilles le temps de composer les commentaires les plus développés que nous possédions sur l'ensemble de notre législation criminelle.

M. Toullier, célèbre avocat, professeur de la faculté de Rennes, qui, par sa renommée, appartient à tous les barreaux de France, n'a quitté la vie qu'après avoir longtemps consulté pour le public, professé avec un grand succès dans sa célèbre école, et publié sur le Code civil un *Cours de droit* qui peut, sans infériorité, se placer à côté des Traités de Pothier.

Je croyais avoir fini, Messieurs, et voici qu'une perte récente, aussi douloureuse qu'inattendue, nous a privés encore d'un de nos plus excellents collègues, M. Vergès, homme modeste, affectueux, sincère, appliqué à ses fonctions. Membre de la Cour depuis trente-huit ans, il s'intéressait à sa gloire; il avait connu tous les hommes de mérite qui l'ont traversée, et il formait le vœu, que j'aime à répéter après lui, de n'y voir jamais entrer que les jurisconsultes les plus savants et les magistrats les plus recommandables par l'ancienneté et la qualité de leurs services. Ce souhait ne sera point stérile sous le règne d'un prince qui ne doit rien tant désirer que de voir se refléter dans ses cours de justice les vertus dont il donne l'exemple sur le trône.

Pour nous, Messieurs et chers collègues, que tant d'hommes célèbres, dont je n'ai pu devant vous qu'esquisser les principaux traits, soient à jamais un utile enseignement! Le général Foy donnait pour supplice aux mauvais ministres de jeter les yeux sur les statues de Lhospital et de Daguesseau, au sortir des séances législatives! qu'en traversant notre galerie pour aller aux audiences, chacun de nous y cherche son modèle, et puise dans son regard un noble encouragement.

Nous requérons, pour le Roi, qu'il plaise à la Cour admettre les avocats présents à l'audience à renouveler leur serment.

FIN.

www.ingramcontent.com/pod-product-compliance
Lightning Source LLC
LaVergne TN
LVHW020107100426
835512LV00040B/1780